T0171667

40 historias de la vida y el amor

40 historias de la vida y el amor

Histoversos de Amor

FERNANDO LEYTON ESPINOZA

Para realizar pedidos de este libro, contacte con:
Palibrio
1663 Liberty Drive, Suite 200
Bloomington, IN 47403
Gratis desde EE. UU. al 877.407.5847
Gratis desde México al 01.800.288.2243
Gratis desde España al 900.866.949
Desde otro país al +1.812.671.9757
Fax: 01.812.355.1576
ventas@palibrio.com
725596

Índice

Esta Obra, mi primera obra, se encuentra inspirada en mis vivencias, en las cosas que creo y que deseo compartir con ustedes, en historias que escuche por ahí o que algún amigo o amiga me contó; en fin, historias de todo el mundo que me rodea.

Gracias a todos los que hicieron posible esta obra, a mi familia, esposa e hijos, amigos y amigas, a todos mi profunda gratitud.

Espero que disfruten leyendo esta antología de historias contadas en verso, tanto como disfruté yo, escribiéndolas para ustedes.

Gracias mil...

Dedicado a mi abuelo Isidoro Espinoza, el primer escritor de la familia... a sus 100 años de vida.

Un poco de Pablo

Un poco, sólo un poco de Pablo quiero tener,
Poder componer, y poder ver el mundo como tú,
Para poder sacar todo eso que hay en mí,
Sí en algo puedo tu senda seguir, estaré feliz,
No tengo nada, pero lo quiero todo, ni talento,
Ni clase, sólo soy tu seguidor y si en algo...
me parezco a ti, es en cómo ver y sentir el amor.

Tu poesía bella es una constante inspiración,
Que me guía para caminar el sendero del poeta,
No creo poder alcanzarte, no puedo..., imitarte...
no quiero, sólo contar este mundo, sus historias...
en verso, simple y sencillo, como en una canción,
A veces ni verso obtengo, sólo expresarme quiero,
No pretendo ser un Pablo más o copiarte.

Quiero tener mi propio verso, que fluya mágico...
y sincero, como éste que escribo, que sin ser...
ni la mitad de Pablo quiero, expresarte profundo...
agradecimiento por dejar tu obra en este mundo,
Para que se lea por siempre, sólo espero tener...
en este mundo,... un espacio para decir lo que quiero,
Lo estoy logrando, sé que escribir ahora puedo...

Todo lo que quiero...

Como escribir los versos más felices este día,
Del amor y del desamor, encuentro y olvido,
De sus caderas y el sabor de sus besos de amor,
De su mirada diáfana y eterna, sonrisa bella,

Escribir de la vida entera, recorrer los temas...
de siempre e inventar algunos nuevos, en fin,
Sólo escribir mis *histoversos* de la vida y del amor...

Gracias Pablo, soy Fernando....

... A Pablo Neruda, un profundo admirador, de su gracia y poesía...
Yo soy...
...Cuando necesito inspiración, en cada verso de tu pluma fácil,
encuentro...

Histoversos: **Nombre que le di a mis creaciones, que no son otra cosa que historias contadas en verso.**

La Vida

La luz que me recibe en este mundo de frío y seco,
Quema mis ojos, aunque ni siquiera los pueda abrir,
Ese aire helado que entra en mí, la primera bocanada...
duele, casi arden mis pulmones, un llanto seco sale de mí,
Nunca había escuchado mi voz, sólo el dulce canto...
bello de mi madre, fue junto a sus caricias, apenas si vi...
sus manos en mi cielo, a través de su tersa piel,
Pero me elevan y sin rostro gigantes me sacuden,
Hasta que veo la única cara familiar que me espera,
Me a braza y siento su piel, "te quiero", mamá yo también.

No entiendo, el mundo es raro, estoy durmiendo y...
me mueven para que despierte, si en mi largo sueño...
estaba en un lago, donde he estado, parece real estoy...
mojado, me sacan ropa y me ponen otra, veo dos cosas...
que se mueven, medias "hedionditas" dice mi madre,
Mas se ríe y las besa y me encanta, pero lo malo es eso...
que me dan, comida o pasta yo diría, cuando lo que...
quiero es esa blanca leche, almendras suave sabor,
Hablo pero no me entienden, pero cuando lloro, uuuuu...
Corren todos, se desvelan todos, así los llamo.

Hoy dije "mamá" y ella se puso a llorar, no sé por qué,
Si desde siempre le dije mamá, ahora me entendió...
se puso feliz y hasta a mi papá llamó, llegó corriendo,
Y de un aventón al techo llegué, casi volando... me asuste,
Luego me gustó, cada vez que me río volando estoy,
Ya no me para nadie corro por todos lados, hablo...
hasta por los codos dice mi madre, yo no entiendo cómo,
Aunque sólo algunos me entienden, mis hermanos...
traducen todo, consigo todo, que felicidad es todo,
Menos la comida, mezclada con la fruta, que no se disfruta.

Es el primer día en que conocí tantos niños nuevos,
Hay grandes y chicos, de todos colores, yo no sabía...
que tantos habían, amistades buenas, que no conocía,
Pero de nuevo las cosas malas, me hacen escribir,
No me puedo parar, pero cada día aprendo más y más,
En el colegio las amistades me llueven, pero sólo...
algunas personas son verdaderas amistades y más,
De esas que te conocen bien, con sólo mirarte....
Un buen consejo te van a dar, como el que una me dio,
"Vive y actúa en justicia, la vida no olvida, será justa"

Qué largo se me hace, parece que no termina,
El colegio deseo que acabe, ya estoy grande,
No me entienden, nadie me comprende, y yo....
tampoco entiendo este mundo loco, que no deja de...
pedirme que lo aprenda, que lo modele siempre,
Será que estoy cambiando, si hasta los gustos...
de antes me parecen fomes, es aburrido nada *bkn*,
Pero ya falta poco, seré grande, para mandarme,
Que nadie me diga qué hacer, reinare sobre mi vida,
Por delante todo se ve bien, el horizonte es grande.

Y de nuevo en la lucha, la Universidad me formó...
me dio herramientas para ese horizonte alcanzar,
Ha sido difícil enfrentar esta nueva responsabilidad,
Mucho estudio, pero también fiestas y cosas nuevas,
De todo en la U vi, desde el alcohol a la prostitución,
Las drogas a un par de amistades se los llevó, la vida es así,
Debes actuar con responsabilidad, algunos amores...
también, pero siempre el estudio le ganó al amor,
Una experiencia inolvidable estudiar en la Universidad,
Terminé al fin, me recibí, el forjar mi mundo comienza.

Hoy vi a ese ser maravilloso que me cautivó, ¿El amor...
será posible?, ¿Será verdad que a primera vista sea?,
Que mi corazón entregué, lo recibió feliz y el suyo...
conseguí, estamos enamorados de principio a fin,
Con este ser maravilloso formaremos un hogar,
Seremos uno, sublime amor es el amor entre tú y yo,
Al fin estamos juntos por siempre, vamos a llegar...
hasta que la muerte nos separe, ahora y siempre,
El futuro es hoy, ayer estaba solo en mi mundo,
Hoy y mañana formaremos un gran mundo nuestro.

Recién empiezo en este trabajo, aunque no se parece,
Mucho a lo que me enseñaron en la Universidad,
La formación me ayuda a enfrentar la condición,
Es difícil, todos compiten, el que puede te baja,
Sí eres muy bueno en algunos lados asustas más,
Pero en otros te valoran e incentivan, el presente....
está bien, pero el futuro no escrito, ¿Qué nos depara?,
Se ve largo el camino, mas espero caminarlo contigo,
Esfuerzos y sacrificios para forjar nuestro destino,
Todo obstáculo puedo superar sí estoy junto a ti.

He sido feliz compartiendo esta vida a tu lado,
Que ha sido como un barco que en el mar se mece,
Que flota por sobre todo, que navega tranquilo...
con el mar en calma, y se aferra a flote cuando...
la tempestad arrecia, siempre salimos adelante,
He sido feliz y sé que tú también, te he amado....
siempre, en estos años te he aprendido a conocer,
A veces con sólo mirarnos sabemos en qué pensamos,
Adaptamos nuestros gustos, compartimos la vida...
juntos, somos dos almas pero juntos somos una.

Ya no estamos solos, inmensa felicidad, trocitos...
de amor nuestros hijos son, los esperamos felices,
Ellos han llenado nuestro hogar de alegría, luz y color,
Crecen hermosos y sanos, una dulce bendición,
El problema es que muy rápido se van, parece que...
fue ayer que los acurruqué en pecho, hoy se van,
Formarán su propio hogar, que rápida es la vida...
Crecen y felices se van, siempre su casa tendrán,
Nos vamos quedando solos una vez más, como antes,
Para volver a amarnos, y descubrirnos una vez más.

Pero la vida no nos deja de sorprender, llego un nieto,
¡Qué cosa más bella!, se ilumina de nuevo este hogar,
Cuando su risa inunda todo el lugar, que raye y bote...
todo lo que quiera, para eso tiene padres, malcriar...
es tarea de abuelos, de padres enseñar y criar,
Se enoja mi hijo si a escondidas le doy un embeleco,
Que engorda, que se enferma.... va, no se acuerda él,
Los dulces que le daba mi papá, claro que yo también...
me enojaba.... la vida, da vueltas nunca se acaba,
Llegamos casi al fin felices, por siempre felices.....

Mas se fue la mitad de mi vida, esa media naranja...
que me acompañó por todos los caminos de la vida,
Bellos momentos, oscuro horizonte se forma delante,
No sé cuánto tiempo podre soportar... ahora sin ti,
Veo tu recuerdo en todas partes, en la luna...
la luz clara de tu amor, en el mar tu fuerza sin fin,
En nuestro hogar todas las cosas me recuerda a ti,
¿Por qué me dejaste?, días felices, sí fue ayer cuando...
acurrucados lado a lado, nos amamos, te necesito,
Sé que te has ido, pero siempre tú vivirás en mí.

Ahora en el ocaso de mi vida, veo todo más claro,
Nada oscuro, ¡Oh dulce muerte ya vienes por mí!,
Me lleva a ti, te extraño tanto, todos han tratado,
De llenar el vacío que dejaste, mi corazón cansado,
Inmenso mar profundo de nuestro amor atrás quedó,
Dejamos huella, hicimos bien, nuestros hijos crecieron,
Sólo lamento que en estos años viejos, no estuviste,
Para ver lo construido, mas sé que estás mirando,
Espérame ya voy a tu lado, ahora están todos a mi lado,
¿Ya viene por mí?, la espero sin miedo, estoy cansado.

Pasar no fue malo, como cuando empezó, terminó...
con una luz, me guió y la seguí, pero esta vez fue
sin dolor, nada me dañó, muchos esperaban por mí,
Fue increíble todos están ahí....., cómo que nadie se
conoce, todos saben quienes fueron, pero nadie...
se reconoce, me desespero por buscarte de nuevo,
Sé que estás por ahí, al fin te encuentro, a través...
de tus ojos veo tu corazón, me reconoces lo sé,
Pero no sé por qué, no podemos amarnos, habrá...
que esperar, a que la vida... de una vuelta más.

Muerte

Muerte no me lleves...
muchos al escuchar su nombre, en su boca,
Son presas del pánico, del dolor, del desamor,
Que dulce muerte si estás en paz,
Que dolorosa si no lo estás, la muerte será,
Sin embargo, aún tengo cosas que hacer,
Cosas que ver, estar con mis hijos al crecer,
Amar a mi esposa y más, amar la vida......
y feliz ser.

Muerte no me lleves...
he sido amado y he amado como nadie,
Pero me falta aún mucho por amar,
Por eso, muerte no me lleves......

Porque sólo la muerte liberará mi alma,
Porque sólo la muerte liberará mi espíritu,
Porque sólo la muerte me hará más libre,
Mas ya mi alma es libre, será qué tal vez...,
Muerte, ¿Qué ya en tus alas negras me has llevado?,
Muerte, ¿Qué ya tu aliento amargo me ha besado?,
No temo lo que viene, no estoy triste.

Sólo una nueva vida, una nueva oportunidad,
Sólo el comienzo para nuevamente amar,
Te esperaré feliz, porque sé que algún día,
A mi lado en la próxima vida, una vez más estarás,
En todos los ojos te buscaré, y cuando tu alma vea,
Y tu corazón salte cuando a través de los ojos míos...
veas mi corazón lleno de amor por ti...
no me a partes..., no me alejes.

Soy yo, el que te esperaba, soy yo....
el que te amaba, antes en otra vida,
En otro cuerpo, pero soy el mismo,
Que aún te ama, por eso ¡Muerte!,
Si me quieres llevar, aunque no te espero...
estoy listo, para soportar el silencio del alma,
La lejanía de su corazón, para que mi espíritu...
vague errante por un mundo de sombras,
Esperando ansioso encontrarte... una vez más.

De lo Mundano y lo Divino

Qué cosa más mundana que tomarse una copa de vino,
Qué más divino que la maravillosa transformación...
de ese mosto, dulce fermento, en el buen vino de hoy.

Cómo no va ser mundano reír de buena gana,
Si no hay cosa más maravillosa, cosa más divina...
que reírse de uno mismo junto con los buenos amigos.

Siempre se nos dice no desees cosas mundanas,
Pero nunca se nos dice qué de las cosas divinas...
no entendemos nada, no sabemos nada de nada.

Investigamos como se formó el gran universo,
Hace no me acuerdo, sin entender lo divino...
de su existencia y del tesoro de la vida,
Sabemos mundanamente como se crea la vida,
Pero no hemos descifrado su significado sin...
pensar que es divino, el ser que crea y da la vida.

Tal vez lo mundano y lo divino son lo mismo,
Como aquel cura descarriado que faltando a su Fe...
y a su vocación, comete deleznables actos sin pudor.

O esos jóvenes que su cuerpo con droga laceran,
Sin pensar un momento en ellos mismos como seres....
Divinos, creadores de su propia vida, hacedores.

Siempre anteponemos lo mundano a lo divino,
Como botar alimentos por miles, habiendo tantos...
que no ingieren hace días una comida, escucho un gran clamor.

Si por una vez dejamos de lado nuestras caretas,
Y nos damos un respiro, podremos asimilar la caída...
de lo malo de lo mundano, ante lo hermoso de lo divino.

Sí existe un divino o hacedor, cómo se llame,
Dios, Alá, Buda, Jehová y muchos nombres más,
Entonces recemos, oremos o simplemente conversemos,
Para que nos dé, el entendimiento de cómo ser más...
apegados a lo divino del ser...
que a lo mundano del qué hacer.

Gobernar

Gobernar una nación es como amar,
Si no amas en lo profundo de tu ser,
Si no siente el amor... no puedes gobernar,
Ordenar lo disperso de las decisiones,
Decidir según profundas convicciones,
Lo qué es mejor para todos y así hacer...
que de la pesada tarea de unos pocos,
Un compromiso con la nación de todos...
y para todos, verdadera misión de amor,
Es la tarea del presidente de la nación.

Encauzar los ríos y sembrar los valles,
Educar a los hijos de mi Chile, para construir...
un destino grande, una nación de gigantes,
De sabiduría aplicada, de disciplina encausada,
Con la misión de hacer de nuestra nación,
Un faro de esperanza, luz de amor que guía....
luz que enciende el corazón de nuestro pueblo,
Al saber que llegan nuevos y mejores tiempos.

Sé que es difícil sanar el alma de una nación,
Pero empecemos por curar sus dolencias,
Sus angustias cuando la enfermedad arrecia,
Y se tienen las manos vacías, mientras el hijo...
enfermo espera que lo atiendan, gran clamor,
Amar a ese niño que no es tuyo, que es de todos,
Un hijo de nuestra patria, que necesita amor,
Gobernante de muchos, el padre pide respeto.

Lo más amargo es privar a alguien de su libertad,
Pero es necesario a veces cuando se ha dañado,
Cuando se ha atentado, cuando se ha violado,
La dignidad y el alma del ser, ya no hay bondad,
Pero no olvidar, la dignidad y la rehabilitación,
Tarea de todos, hacer pagar lo que se debe a la sociedad,
Sin dejar que los excesos por encarcelar le ganen,
A la correcta letra y espíritu de la ley al juzgar.

Con gran clamor y Fe dijo un hombre sabio una vez,
"Los pobres no pueden esperar", pero siguen igual,
Ahora hemos conocido y todos reaccionan con pavor,
Que lo ricos son más ricos y los pobres más pobres,
Qué asco la desigualdad, cuando algunos no se deciden,
Entre un mercedes o un porche, mientras otros...
tienen que elegir entre un pan o un té, a veces...
ni sal hay en sus casa para comer, qué será de nosotros.

Sí estas historias te parecen lejanas y ajenas,
Da gracias por ser y tener lo que tienes, mas...
no te olvides que una enfermedad te puede atacar,
Que a la cárcel o la *"casa del jabonero"*[1] puedes ir a parar,
Y que en un giro del destino tu suerte se puede cambiar,
Al caño de la basura, donde buscan comida algunos,
Ayudarlos a ellos, ayudarnos entre todos, con amor,
Con empatía y con sabiduría, es que hay que gobernar.

---

[1]   Casa del Jabonero, en Chile se le dice a la cárcel, porque cualquiera puede resbalar y
      caer ahí.

Los Treinta y Tres

No creo mucho en milagros, ya casi no tenía Fe,[2]
Pero esos "Los Treinta y Tres" nunca se rindieron,
Nunca decayeron, la esperanza surge un vez más,
Están vivos, desde la profunda tierra su grito escuchamos,
A todos los que siguen luchando, hombres de verdad,
Creo más en Chile, creo más en Dios, me vuelve la Fe.

Ya los encontraron, una bella nota de amor de las...
entrañas de la tierra generosa salió, "Estamos bien los 33",
Por un pequeño agujero se recupera la esperanza,
Los sueños dormidos, son ahora sueños vividos,
Antes que la cámara mostrara el rostro de uno de...
esos "Los Treinta y Tres", ya ellos nos dijeron, ¡Vida!.

Alegría de norte a sur, lágrimas de hombres fuertes,
Esos que perforando la tierra dura, encuentran a...
"Los Treinta y Tres", todos juntos, abrazos y ¡Vivas!,
En el campamento de nombre Esperanza, todos cantan,
Se recuperan las fuerzas se abren las sendas, están...
ahí esperando por salir, juntos fuerza por Los 33.

---

[2] Soy Ingeniero y trabajo en el rubro minero, sabía lo casi imposible que los encontrara, tan profundo en la tierra, por eso casi no tenía Fe. Este histoverso lo escribí al otro día de su hallazgo el 22 de Agosto de 2010.

Desde el más humilde de los chilenos hasta el más
encumbrado de los que gobiernan nuestro pueblo,
Pidieron que una de las sondas fuera iluminada por
Dios, Así fue como un domingo de Agosto 22, fueron...
encontrados "Los Treinta y Tres" mineros, y de un oscuro...
agujero un rostro en silencio nos habló.... ¡Acá existe Dios!.

Ahora a mantener firme la esperanza, a no decaer,
Con más fuerzas hay que sacar de la mina a Los 33,
Seguro será un trabajo lento y con riesgos, mas...
sin pausa todos seguiremos juntos luchando por ellos,
Algunos directo en su rescate, otros desde más lejos,
Pero todos más contentos.... ¡Están vivos los mineros!.

....*Estaré pendiente hasta el rescate final de "Los Treinta y Tres"*....
....*Falta terminar este histoverso cuando todos salgan ya*....
....Y la luz sea más brillante y sea una fiesta que de verdad sea en
grande....

Primera Parte de "Los 33"

Siguen luchando Los 33

Aún están adentro, pero con Esperanza[3] viva esperan,
Con el espíritu volando alto, escuchan como muerden,
Como las tres bestias se comen la montaña, los buscan,
Una los encuentra, las otras dos la siguen de cerca.

Las familias esperan, todo Chile espera, que de pronto
esos 700 metros se hagan nada, para Los 33 lo es todo,
Para los 16 millones un logro, de grandes sueños hacedores...
de milagros imposibles somos, chilenos unidos todos.

Entregar la vida en situación extrema, dar hasta...
la última gota de sudor, somos hijos pródigos del rigor,
Con las pequeñas cosas nos complicamos, no hacemos nada,
Pero de las dificultades sacamos todo lo que nos da valor.

Aunque de la suerte de Los 33 en un momento dudé,
Ahora sé que los incansables domadores de las bestias,
No descansarán hasta ver que el último de los mineros,
Salga y nuevamente vean la luz, como nacer otra vez.

Las bestias avanzan, Los 33 aguardan, ahora manos...
a la obra, a trabajar sacando y apartando del taller,
Los escombros y de montañas trozos, para espacio...
hacer y que el rescate empiece pronto para Los 33.

---

[3] El Campamento Esperanza... alberga tantos sueños, me sumo a la Esperanza de esos sueños.

A la distancia sólo puedo ver, esfuerzo de mil valientes,
Proeza sin igual seguro que en todo el mundo se hablará,
De cómo un puñado de atrapados chilenos fue rescatado,
Por un millar de chilenos que haciendo fuerza rezaron.

Representado por esos rescatistas, de máquina operadores,
Ingenieros coordinadores, médicos salvadores, consultores...
si hasta de la Nasa ayudó, creo firmemente, ahora sí...
que Los 33 pronto a sus familias abrazarán, todo Chile llorará.

Lágrimas de alegría guardo, para cuando de Los 33 el último...
de la mina salga sano y salvo, porque somos chilenos...
lo lograremos, de las cosas imposibles realidad hacemos,
A la vida le damos una nueva dimensión, gritaremos todos.

Un fuerte ¡Viva Chile!,... ¡Viva!, todos juntos a una voz,
Cuando al fin salgan todos a la luz del sol, un solo corazón,
Como en una alegre canción, hermanos en el dolor,
En la felicidad del reencuentro alegre de amor.

..... *Sólo falta el resácate, pronto parte, espero que llegue luego para felicidad del mundo entero......*

Segunda Parte de Los 33

Falta poco ya salen Los 33

Una bestia linda por fin llegó hasta los treinta y tres,
Dejó hecha la vía por donde la luz verán otra vez,
Será un renacer, segunda oportunidad para enmendar,
Las cosas que no se han hecho bien, un nuevo andar,
Ellos esperan las ansias de salir pronto pueden más,
Trabajaron duro para despejar la vía que la luz les dará.

La bestia linda ya entre aplausos se fue, misión cumplida,
Todos la despidieron, ya no hay lágrimas de angustia,
Sólo vidas de esperanza, pero el esfuerzo no olvidemos,
Que otras nobles bestias sucumbieron, mas no desfallecieron,
Gran esfuerzo, mas su noble tarea no se completó,
Debemos avocarnos todos a completar el rescate final.

Todos los ojos es este pequeño rincón del mundo,
Olvidando que el pan a cambio de unas piedras entrega,
Con penas y peligros a los mineros de esta tierra,
Ahora es tarea de todos, no olvidarnos de todo,
Que en la celebración del rescate, no se nuble...
con la desidia del olvido, mejores cosas no lo dude.

No dejemos pasar esta oportunidad para legislar,
Pero de verdad, por los derechos de estos trabajadores,
Y todos los demás, y que por fin sea por su bienestar,
No sólo en la adversidad que digamos presente,
Que sea una causa grande que nadie se ausente,
Tenemos en nuestras manos esta gran oportunidad.

Sólo resta esperar un día nada más, ya pronto de las...
entrañas de la tierra saldrán, a saludar este nuevo mundo,
Una vez más, besar y abrazar a sus familias y por qué no,
A los hombres valientes que trabajando de sol a sol,
Han hecho posible esta descomunal tarea de amor,
Un abrazo de hombre, salud amigo estamos vivos.

¡Viva Chile, Mierda!, se escuchará en todo el mundo,
Que todos sepan de qué estamos hechos los chilenos,
A puro ñeque⁴ rescataremos a Los Treinta y Tres mineros,
hoy empieza la hazaña final, todos tirando del Fénix,
Uno por uno saldrán los mineros, la mina dará a luz,
A 33 hombres, el milagro de la vida sigue, ahí están....

Hoy día todos los chilenos somos mineros.....

.....*Sólo basta esperar que todo salga bien, sólo esperar que todos salgan, ya....*
..... *Luego termino estos versos sinceros, del alma, del corazón de un minero....*

Tercera parte de "Los 33"

---

4   Puro ñeque, es una expresión chilena que se consigue algo sólo con la fuerza de los músculos.

La Hazaña de Los 33

Cada día más orgulloso estoy de ser un chileno más,
El 13 de Octubre de 2010, será una fecha para recordar,
Como un puñado de hombres rescatando a Los 33,
Como un país entero pendiente estuvo de Los 33,
Como el mundo admirado gozó con la luz de Los 33,
Como esos Los 33, renacieron a un mundo nuevo para ellos.

Como cada uno a su familia abrazó, el primer niño...
que al ver a su padre nacer de la tierra madre, lloró,
O ese loco lindo que hasta recuerdos de la mina sacó,
Con un ¡CE-ACHE-I...! a toda voz, la Esperanza se hizo piel,
Ya salen sus compañeros, amigos y hermanos de renacer,
Los 33 nos dieron una lección de vida, amor a granel.

Los rescatistas valientes hombres que voluntariamente,
A las entrañas de la tierra bajaron, acompañados...
de todos los chilenos que a la distancia la Fénix tiramos.
Nadie esperaba ver lo que dentro de la tierra pasaría,
El mundo se sorprendió, al ver la Fénix salir a las entrañas,
Aquel minero que no por gloria, bajó a buscar a sus compañeros.

No hay que olvidar a todos los que sin nombre dieron,
Su esfuerzo, cariño, pasión y esmero, para alimentar y limpiar...
la Esperanza, a los operadores de las incansables bestias...
que la tierra se comieron, que un agujero de amor dejaron,
O los voluntarios que alegraron la vida y del alma la Esperanza,
A todos los silenciosos chilenos que nunca decayeron.

Este año tan difícil que debemos enfrentar, comenzó mal,
Una catástrofe hogares y vidas destruyó, lo bueno...
y lo malo del chileno salió, pero hoy por bendita gracia...
de Dios, Los 33 a una nueva vida y al amor salieron hoy,
Nadie puede negar al gobierno de rojas chaquetas,
Sea cual sea tu color, gran empresa la que emprendieron.

Sólo queda ver cómo terminará esta gran historia,
Qué la hazaña de la vida y seguida por millones y más,
No sea sólo una historia más, porque la recordamos...
por siempre, como una gran historia de amor, del minero,
Contada por un puñado de chilenos al mundo entero,
Donde todos vivos de las entrañas de la tierra renacieron.

Que no se nuble el entender ni el olvido, se debe corregir...
lo que se ha hecho mal, castigar la desidia, de los corazones...
desterrar, que los nuevos tiempos de amor vendrán,
Donde todos podamos trabajar seguros y en paz.

....A los mineros de Chile, a Los 33 y todos juntos chilenos, todos....

Última Parte de Los 33

Una hoja

Una hoja en la última rama seca,
Del árbol más alto del bosque,
En el último día de otoño, se cae...
la savia y fuerza interior no le alcanza.

Siempre vivió a la cálida luz del sol,
Nació bajo su luz, creció con su calor,
Respiró profundo cada vez que él la miró,
Su cuerpo se iluminaba con su luz.

La primavera supo de su amor,
El verano de la pasión por su luz,
La buscaba ansiosa al despertar,
La añoraba con alegría en la obscuridad,

El calor del sol comenzó a decaer,
Los días más cortos y fríos ya son,
Su calor esquivo y tenue se volvió,
Su cuerpo poco a poco se secó,

Con todas sus fuerzas, con todo su amor,
No pudo con el frío, no verlo le agotó,
Siempre la esperanza de pasar el otoño,
Le dio un último hálito de amor a su existir,

Por fin ya no pudo más y se dejo caer,
En el aire libre el viento la abrazó,
Antes de caer el sol brilló grácil y gentil,
La hoja se iluminó, respiró y fue feliz.

Una vida plena a la luz del sol vivió,
Su vida entera un ejemplo de amor fue,
El árbol espera que renazca una vez más,
En la primavera con el sol, su amor renacerá.

El sol mira y no ve, en su inmensidad,
La hoja ya no ve, se le perdió, no la puede encontrar,
Se siente solo, pero sabe que pronto...,
Muy pronto el amor a su lado volverá.

Juventud

El mundo es de los jóvenes, forjado en la juventud,
Frutos maduros recibirás, joven siempre serás,
Si tu alma y corazón se nutre de sabiduría y amor,
Por ti y por los demás, la juventud nos da esa...
capacidad infinita de al prójimo amar, entregarse
a un ideal, luchar hasta vencer a todos los demás.

Divino tesoro, es verdad aprovecha de aprender,
De forjar tu carácter y conocer todo lo que el
mundo tiene para ofrecer, de lo bueno y hermoso,
También de lo malo y horroroso, sólo así podrás...
distinguir lo que a este mundo viniste a construir,
No te dejes vencer por la vida fácil, lucha y verás.

Con energías infinitas, medita en lo posible y toma
una buena decisión, nadie te puede forzar a dañar...
tu cuerpo o el de los demás, se tú mismo, para bien...
o para mal, muy difícil salir de las drogas o algo más,
Sí ese camino tomaste ya, sé que está ahí y fácil es,
Pero no debes entrar, se fuerte, sabia decisión sal de él.

Ama el amor, respeta la razón del amor, no debe ser...
una entretención, recuerda que a causa de un amor,
Estas aquí entre nosotros, luchando y buscando...
un destino una pasión, que llene tu vida, que complete...
tu razón de ser, que llene tu alma y tu corazón, así
sin prisa disfruta del amor, corta es lamentablemente...
La juventud

Pero no tanto como para no valorar a tus viejos,
Querer a esos abuelos, aprende de ellos, escucha...
su consejo, recuerda que aunque no te parezca,
La juventud también por ellos pasó, te quieren de
verdad, sigue adelante, no mires atrás, pero sí un...
futuro quieres lograr del pasado y de los viejos...
aprende ya.

Juventud divino tesoro, como añoro tener tus años....
para hacer lo que no pude, corregir lo que bien no hice,
Y jugar a ser el hacedor de mi destino.

Como Pintar

Tanto como me gusta escribir, sin talentoso ser,
O vivir de este don.... de escribir sin saber para qué,
Dejando caer estas letras en palabras revueltas,
Me gusta mucho en un lienzo pintura esparramar,
Que esa blanca tela que espera, se moje con trazos...
de inspiración, con emociones de pasión, con amor.

Pintar es como amar, entregas todo lo que hay en ti,
Ella responde dejando salir, expresa toda su belleza,
De a poco, con cariño con pasión y mucho de tu amor,
Se transforma, crece la relación entre la tela y el pintor,
Los dos se transforman y se modelan, uno dando...
pinceladas la otra aflorando su color, su forma y amor.

Sí, ahora seguro estoy, pintar es como amar, te entregas...
a ella, te desvelas por ella, el tiempo y el mundo dejan...
de existir cuando estás con ella, el tiempo es un soplo...
al viento a su lado, largo y amargo olvido cuando...
no la puedes ver, no la puedes tener, tu mente divaga...
pensando en ella, los momentos de unión sublime amor.

Cuando la tela está terminada, se completa la unión,
Esa tela simple y blanca, llena de formas y colores del...
amor, es una obra de tu ser, como un hijo que nace,
Que gracias al amor infinito que le das, crece y madura,
Y si la vida se la lleva lejos de ti, siempre estará...
en ti, la sensación de haber creado una obra de amor.

Mis Cinco Cuentos Cortos - Concurso Santiago en 100 Palabras - Septiembre 2010

En el Pub

Sentarse en el pub con los amigos,
Nada mejor que al danzar de unas tablas...
degustando un vino, compartir con los amigos,
Al atardecer ya refresca en la terraza,
Pero el más cool de mis amigos,
Ya deslizó su sonrisa por la ventana,
Ellas se miraron y alzaron su copa,
No me di ni cuenta cuándo...
él con la suya en la mano,
De una zancada pasó por la ventana,
Al lado de ellas nos guiñó el ojo,
Los tres muertos del frío hacia un instante...
al pasar la ventana, estamos nuevamente
degustando unas tablas y un vino,
...más acompañados.

Te Vi

Te vi subir, sé que eras tú, mi corazón lo sintió,
Pero las cabezas como montañas arboladas,
Me impiden ver tus ojos, tu sonrisa luminosa,
Creo perderte en la multitud, por fin todos se bajan,
Te veo, aún estás, no me ves, sientes mi mirada,
El ruido me hace invisible, y tú ensoñadora...
mirando hacia el oscuro túnel infinito,
Soñando tus sueños, imaginando el mundo...
te siento cerca, tu perfume me envuelve,
Toco tu cintura, sabías que era yo, yo que eres tú,
Tu cara se ilumina con la sonrisa que me das,
Brillan felices los ojos tuyos, un beso.

Me Pilló

Todos gritaban como locos,
¡¡¡Gooool de Chile!!!, todos felices,
Algunos saltaban y otros...
Se abrazaban, muchos gritos
Muchas manos empuñadas al cielo,
Los niños gritaban y no faltó...
él que lloraba, los que se conocían
se besaban, y los que no...
en un arranque loco, también se besaban,
¡Chile Campeón!, nadie lo podía creer,
Ni el comentarista en la tele que lloraba,
Ni ese abuelito que ya no soñaba,
Como no saltar, como no gritar,
Todos felices por fin.... campeón...
"Próxima est...... ¡¡VIVA CHILE MIERDA!!"
Se escuchó por el altavoz,
¡¡VIVA!!!...todos gritaron... a una voz,
En el Metro me pilló.

Mi Moto

Mi moto, con su sonido de tambores volando, en un viaje...
Intenso y bello, acompañado de mi hijo, subiendo la cordillera,
Para ser sincero, yo no sabía de ese frío...ese frío,
Ahora sé, lo que subir al Cajón del Maipo en moto en...
Invierno...., el frío cala hueso y se hace piel, una chaqueta...
Llevaba y suficiente no fue, mi hijo afirmado en mi espada...
Inquieto y feliz, sin embargo, el frío nos buscó y por fin nos alcanzó,
Todo intento en vano por entrar en calor,
Al final el frío nos venció, mañana más abrigados regresaremos,
con Mi Moto.

Salvador

Completamente sola la estación, la luz crepitó,
De repente oscuro por un momento quedó,
El metro se acerca, suenan los frenos y...
viéndome de reojo una figura de aspecto terrible...
me asustó, me alejé pero ella flotando me seguía,
Mi corazón se aceleró, ella me seguía, por fin...
el metro paró, aún asustado subí y solo ahí
comprendí que ella aún me seguía,
Mi corazón latía con fuerza, aléjate de ella,
Pero inútil fue, flotando ella me seguía,
En el túnel... a media luz, el miedo me invadió,
Por fin el tren paró, presuroso me baje,
Salvador era la estación.

Oda al Cebiche

Mezcla perfecta, noble fruto del mar,
De la tierra y toque de sabor con sal,
Que importa sí es a la peruana o a la
chilena, sólo degustar su sabor supremo,
Busca el pescado más fresco que hay,
Sí es recién salido y saltando aún del mar,
Mejor quedará, sí crees en algún Dios,
Dale las gracias al creador, por este...
pez que te dio, manos a la obra al sabor.

Con afilado cuchillo desviste al pez,
Límpialo bien, una *reineta* me parece...
bien, corta sus filetes de noble textura,
En finos bastones, dale alegría segura,
Luego en cubitos pequeños, finos bocados,
Déjalos aparte, llueve generosa *sal* sobre éstos,
Déjalos reposar que se aprieten, secreto, no te...
arrepentirás, agrega *eneldo* sin miedo y déjalo ahí.

Corta una *morada cebolla*, plumas al viento,
Cubitos de *pimiento rojo* sin piel le dará sabor,
Sí tienes *apio* en pequeños trofeos, no temas...
agrega este delicado verde y crujiente sabor,
Ahora lo más importante de la preparación,
Tómate una copa de blanco mosto, degusta,
Si no te gusta el blanco, uno que manche o...
una cerveza, refréscate chef, será muy bueno.

Limones nobles amigos, saca sus fluidos,
Con respeto son el alma de este gusto,
Los cubitos ya han reposado, coloca encima
Las plumas moradas, que color, los *pimientos*,
Apio y si te gusta la furia y la pasión...
un *locoto* le dará ese mágico sabor, sólo
para adultos, si uno de tus niños sabe,
Le gusta este plato, deja a parte su porción,

Deja que la amarilla laguna bañe todo,
Sí te gusta algo de verde, *cilindro* picado será,
cibullete o *cebollín*, mas no abuses de su sabor,
Luego de un rato, mezcla todo este manjar,
Sírvelo en generosa porción, acompañado...
de *lechuga* y cocidas *papas*, *locoto* fuerte color,
Pero siempre con una buena copa de vino, blanco...
o del otro, importante en buena compañía...
estar, disfruta este plato de sabor celestial,
Prepara esta receta no te arrepentirás.

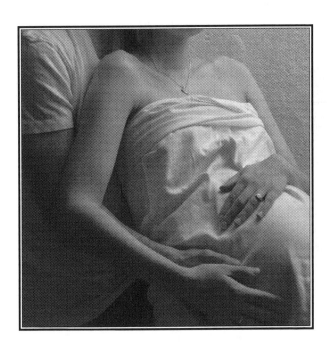

Mañana

Mañana te veré, te espero desde siempre,
Toda mi vida he deseado que me abraces,
Que me beses, ya no soporto esta espera,
Ya no hay sonido ni canción que contenga,
Este amor que por ti espera, te necesito....
ahora, te necesitaré mañana y siempre,
Mi mundo ha estado en tinieblas mientras...
te espero, crece lo nuestro, a mañana espero.

Sé que es mañana, pero ya no puedo más,
De sólo pensar en ti, ver tu rostro al fin,
Sentir tu suave piel y tus labios en mi piel,
En mi mundo nada me daña, sí tú me cuidas,
En mi mundo vivo gracias a lo que tú me das,
Eso poco que te sobra, tu cariño y algo más,
Sí hasta un poco de tu vida me llevo yo,
Gracias por tu protección, sin ella no soy yo.

Mañana está tan lejos, que en realidad no puedo,
Estoy atormentado, mi cabeza no se mueve,
Ya estoy encajado. No soporto más, mañana....
no creo que llegue sin ti, voy a romper esta...
fuente, que salga este liquido ya está verde,
Sé que te duele pero es así, da la vida con dolor,
Recibe el cariño y la más grande prueba de amor,
Soy tu hijo, el mañana no espera, será entonces ¡Hoy!.

Siento que estás agitada a mí me falta la respiración,
Nada ya me protege indefenso estoy, no temas...
aquí estoy yo, me protegiste nueve meses..., yo...
Te voy a cuidar toda la vida, no se hable más,
Eres mi madre, lo más importante que Dios nos da,
Siempre sentí tus caricias y cantos de suaves...
melodías de amor, ahora yo te causo dolor, sólo...
puedo una cosa hacer, rápido nacer, que placer.

Madre

A mi madre dulce y cariñosa,
A mi madre estricta y cumplidora,
A mi madre sensible y orgullosa,
Sólo podría dar las gracias, dar mil gracias...
por ser tú la que me dio la luz,
Por ser tú la que no me dejó caer,
Por ser tú la que me enseñó a ser,
Mejor persona, mejor hombre.

Me dejas la vida llena de tus recuerdos,
Me dejas el alma sana, sin escollos,
Gracias a tu amor, gracias a tu corazón....
lleno sólo de amor, lleno sólo de bondad,
Siempre una sonrisa aun en la adversidad,
Siempre una caricias aun en la soledad,
Me has formado como lo que ahora soy,
Tu hijo el mayor, ya estoy viejo de verdad.

Qué saco con darte las gracias,
Qué saco con decir que te quiero,
Qué saco con decir, que aún necesito...
ya de viejo tus caricias, y que la...
espalda cansada me rasques,
Si tú sabes de sobra que aunque...
lejos estoy, aunque poco hablemos...
mi amor por ti... es más grande,
Gracias por ser...
Mi madre.

Padre

Padre, amigo y hermano,
De tus juegos de infancia,
De tus palabras de juventud,
De tus consejos de hombre bueno,
Se forja mi carácter, mi ser,
Soy reflejo de lo que hiciste,
Soy espejo de lo que fuiste,
Con la esperanza de llegar a tu lado,
Cargando mis alegrías y mis sueños,
Para que los veas, para que los tengas,
Como parte de lo que fuiste y lo que esperas,
De mi... tu hijo, tu amigo y hermano.

Siempre dejando algo que tú querías,
Por darme eso pequeño que yo quería,
Siempre pensando en cómo lograr en mí,
Lo que tal vez te faltó conseguir a ti,
Siempre postergándote por mí,
Siempre velando por mí,
Siempre deseando que sea más que tú,
No mejor hombre, no más hombre, no...
sólo ser mejor padre que tú.... Eso sería...
más que un logro, gracias por ser....
Mi padre.

El Hogar

A qué le llamamos "hogar dulce hogar",
A veces sólo las paredes y techo al que...
le decimos casa, y algunos ni eso tienen,
A otros les basta con una cueva húmeda,
O un refugio que te esconda, quién entiende,
Sin embargo, el hogar es más que todas esas,
Formas de protegerse, es dar protección a...
las personas que quieres, a la familia que amas,
No importa el lugar o su condición... si hay amor,
El hogar siempre se lleva muy dentro del corazón.

Por eso el hogar es un encuentro compartido,
Donde jugamos, conversando y comemos reunidos,
Donde entregamos y repartimos nuestro cariño,
Nos ayudamos, de los tropiezos salimos fortalecidos,
Aprendemos de ellos y enmendamos los caminos,
De los regocijos, felices compartimos incluso un pan...
y un vino, reímos con los miembros del hogar divino,
Sin olvidar que no puede haber amor sin entregar,
La disciplina, la responsabilidad, y el respeto por ti...
mismo y por los demás, es esencial a los hijos enseñar,

Ya sea la casa de los viejos queridos, dulce hogar...
de mi niñez, pan horneado, leche y miel, dulce felicidad,
O nuestra casa nueva, gran amor de pequeños pasos,
Rayadas paredes con inocentes mensajes de amor,
Compartiendo juntos la tele o en la mesa un manjar,
Paz y amor llenan mi casa, tu casa, nuestra casa,
Que por supuesto la llamo siempre "hogar dulce hogar",
Ya que es ahí donde tengo a mi familia reunida,
Donde puedo ver crecer y amar a mis hijos bellos...
y amar a mi esposa por siempre, así es mi hogar.

Lleno de alegrías y a veces preocupaciones, no faltan...
las razones, a veces el dinero, pero nunca el amor verdadero.

Te Quiero, Te Amo

Te quiero más que a mi vida, ¿Será entonces que te amo?,
Te quiero siempre a mi lado, te quiero compartiendo...
mi vida, mis sueños y algo más, si, estoy seguro ¡Te amo!,
Porque eres dulce bálsamo que baña mi alma,
Brasas de alegre pasión que enciende mi amor,
Has logrado darle a mi vida una orientación,
Encausas mis caminos, me das libertad y abrigo,
A tu lado estoy completo, sin ti sólo hay vacío.

Gracias por entregarme tu amor, gracias por....
enseñarme a amar, siempre has sido mi puntal,
Sostienes no sólo nuestra vida, sino también...
nuestro hogar, no sé vivir sin ti, todo anda mal,
Eres más que una amiga, una compañera, eres más,
Eres mi amante... que todo me da, mi sueño hecho...
realidad, te quiero por ser todo esto y más,
Mi vida entera es tuya, esposa mía, tú eres mi vida.

Esposita

Mi vida ha sido buena a tu lado,
Me comprendes, sabes lo que soy,
Sabes lo que siento, una mirada y...
se cruzan nuestros pensamientos,
Tú complementas mis sentidos.....
mi amor, sin ti estoy perdido.

Y no creas, yo también te comprendo,
Te veo, y sé lo que piensas y necesitas,
Lo que anhelas y te gusta como a mí,
Esos ojos destellantes cuando algo...
no anda, o llenos de ternura y pasión,
Cuando jugamos a ser uno en el amor,

Sólo basta que estés ahí, sólo que seas tú,
Siempre con una sonrisa en el corazón,
Una compañera, un amiga, una amante,
Todo eso y más, desde siempre has sido tú,
Los bellos recuerdos de la loca juventud,
Se plasman en tu huracán de virtud.

Gracias por ser tú, la que me eligió,
Gracias, mil gracias por darme tu amor,
Me llevas caminando por la vida feliz,
Sigamos siempre unidos... siempre así.

Hijos

Trocitos míos que andan por el mundo,
Pedacitos del cielo, recuerdos del amor,
La luz de mi alma en cada uno de ellos,
Como no amarlos sí son lo más bello,
Completan mi vida, llenan mi corazón.

Son tres los trocitos míos, hijos del amor,
Dando vueltas y jugando juntos en la casa,
Se multiplican y parece que fueran diez,
Cuando, como hermanos pelean son más de cien,

El más grande, como roble ya me alcanza,
Brillante, inteligente y sagaz, me discute...
porque está en el mundo buscando su lugar,
Mas él sabe que siempre en mi corazón estará.

Ella, la joya más preciada de la casa, ella,
Su ternura, su hermosura y su carácter,
Digno de una princesa, me roba el corazón,
Ella siempre a mi lado, ella siempre cantando.

Mi conchito, mi niño hermoso, tierno y suave,
Querido por todos, adorable siempre es,
Nunca un reclamo, su abrazo me envuelve,
Su voz me enternece, completó mi corazón.

Ellos mis tres trocitos, llenos de vida,
Alegran la casa y la llenan de canciones,
Colman y pintan las paredes de amor,
Gracias por ser así....., su padre que los ama.

Amigos y Amigas

Quién se queja y dice que no tiene un solo amigo,
No se ha dado cuenta, no ha mirado más allá,
Siempre hay alguien que pensó para bien en él,
Alguien que preguntando a otro quería saber de él,
Si en las mañanas te saluda mirándote a los ojos
Y con una sonrisa sincera, es qué es un amigo,
Por eso nadie puede decir que no tiene amigos.
Si a diario el saludo y la sonrisa devuelves.

Un verdadero amigo del alma, fiel compañero,
Aunque pasados los años, en la vida no se vean,
Basta con un saludo y un abrazo bien palmoteado,
En un segundo se recuperan años de historias,
Entretenidas jóvenes parrandas, años de amistad,
Sólo si es un verdadero amigo sabrás de un vistazo,
Cómo lo trató la vida y lo reconfortarás si mal está,
Y si su suerte fue mejor, una mano seguro te dará.

A quién no le gusta tener amigas, gran anzuelo,
No lo eches a perder, si su amistad quieres,
A veces es difícil separar su amistad de algo más,
Pero cuando todo claro está, su amistad y consejo...
sincero, es de verdad duradero, fiel amiga,
Noble naturaleza que nos hizo amigos, gracias por...
cruzarte en mi camino, siempre estás ahí para...
escucharme, sabia y leal aconsejarme.

Claro que hay amigos de parranda, de fiestas...
sin fin, alegrías por mil, siempre alegre una locura,
No se pasan penas, risa segura, bebida y comida,
Elementos de la fiesta son, sin amigos amargo sabor,
Aunque de la fiesta al olvido hay sólo un soplido,
Cuando estás conversando, riendo o escuchando,
El tiempo se pasa volando, historias y cuentos,
De los amigos reunidos son el caldo de cultivo.

Amigos y amigas, al final en eso se convierte la familia,
A veces no los puedes ver y otras no los quieres ni ver,
Pero siempre vuelves, no puedes no estar con ellos,
Son parte de tu vida, te conocen desde siempre,
Te quieren por siempre, en la familia somos amigos,
Compañeros y compadres, nos juntamos y reímos,
A veces lloramos y compartimos, quién dice qué...
La familia no son tus mejores amigos.

El Tiempo y el Amor

Amor debe ser un nuevo verbo, de extraña terminación,
Pero que se conjuga en conjunto con otro verbo...
Tiempo, separados son un sentimiento, una dimensión,
Mas conjúgalos juntos te darás cuenta de la razón,
El amor, sí se cultiva crece en el tiempo, mas déjalo...
de lado, no siembres el corazón, no riegues el alma...
de buen quehacer, no cosecharás el pan en el tiempo,
Morirá sin entender, cómo se te perdió en el tiempo el amor.

Hay otros amores que no se ven en largo tiempo,
Pero basta una mirada, una sonrisa y el tiempo...
se esfuma como humo en el viento, vive el amor...
nuevamente, como en el desierto que de flores...
se viste, cuando una lluvia cae de tiempo en tiempo,
Libre juicio de estos nuevos seres, que al amarse...
nuevamente, ya que al conocerse otra vez, sólo Dios...
sabe si ese amor de verdad durará en el tiempo.

Y qué pasa cuándo el amor surge antes de tiempo,
Esa niñas inocentes, que por amar sin temor, pero...
con pasión, se ven enfrentadas a la vida de golpe,
A veces lamentablemente, la deben afrontar solas,
Sin amor, de su amor y de su familia, profundo dolor,
Pero el tiempo lo cura todo, el amor se hace más...
grande aún, y como esa vida que lleva dentro, es amor,
Dulce retoño, tendrás amor por un largo... largo tiempo.

Al final del ocaso, en un tiempo futuro olvidado...
en el presente, cuando sólo el amor te consuele,
Estaremos tú y yo, con más amor aún por dar,
Pero con poco tiempo sin mas, disfrutando juntos,
Los recuerdos bellos de nuestro amor en el tiempo,
Como cuando nos vimos por vez primera, hace no...
me acuerdo y cuando nos amamos, nos besamos,
Y nos entregamos al amor, de eso si me acuerdo.

Por eso amor y tiempo, se deben conjugar unidos,
Para comprender el contexto, aún cuando el amor
puede ser eterno, y el tiempo riguroso no se detiene....
el amor puede cambiar, a veces lo podemos controlar,
Sin embargo, el tiempo sin control se escapa... se va,
Y el amor que vuelve a nuestras vidas, se hace piel,
Se hace inmenso, que ni el tiempo lo puede ya borrar,
Así te amo, como eres por lo que eres, sin importar el tiempo.

Primer Amor

Mi hermoso primer amor,
Inolvidable y eterno amor de juventud,
Siempre has sido y serás,
La primera mujer qué....
con su delicado cuerpo de niña,
Y su inocencia me dio todo,
Todo lo que éramos capaces...
de entender, de comprender.

Mi hermoso primer amor,
Te veo ahora después de años,
Y parece que fue ayer cuándo,
Felices juntos caminamos por
La dulce vida nuestra,
Recorriendo y aprendiendo juntos,
Las cosas lindas del amor.

Mi hermoso primer amor,
Ahora que te he encontrado,
Con mis años vividos, recorridos,
Con mis mañas de viejo, me haces...
nuevamente feliz de saber,
Qué aún con el tiempo y la distancia,
Se mantuvo mi recuerdo en ti,
En un trocito de tu corazón, como...
El tuyo en el mío.

Como Suspirando

Como suspirando en un noche de verano, calurosa y húmeda me tienes,
De la calidez de tu abrazo, de las brasas de tus besos, del néctar de tu amor,
Con sólo estos recuerdos, como suspirando estoy.

Puedes hacer de mí lo que quieras, si mi vida la necesitas, la tienes...
si mi aliento requieres, hasta el último de ellos tuyo es...
si no verme te hace bien, transparente entonces seré,
Pero a tu lado siempre estaré, no me verás, mas mi amor...
lo podrás recordar cuando triste estés y alegría necesites,
Para recomponer tu corazón, tu alma y tu amor.

Como suspirando estoy, como sí un ángel se hubiera llevado mi amor,
Como sí el viento feroz me hubiera arrebatado tu cariño y tu amor,
Como sí con la lluvia que lava mi cuerpo, mi herida y mi corazón...
se pudiera olvidar esto que siento, que me quema por dentro,
Que es amor, que es eterno.

Por eso me tienes como suspirando, de alegría por saber que...
aunque no me veas, aunque no me quieras, aunque no me ames,
Sé que existes, que respiras y que eres feliz.... eso es suficiente para mí.

Y así como suspirando por ti, es que la vida vuelve a mí...
cada vez que pienso en ti.

El Mar...

Qué se podría decir del mar, que ya no se haya dicho,
Igual que del amor, que no se haya escrito,
Con qué se podrían comparar ambos,
Sino es con ellos mismos.

Uno es inconmensurable, el otro aún más inmenso que él.
Uno lleno de vida está, el otro crea vida y más.
Uno es calmo y a veces violento como una tempestad,
El otro se enfrenta a la tempestad, la calma y le da paz.
Uno tiene tanta energía que se desborda y destruye,
El otro es energía que construye y desborda paz.

Me parece que aunque sean parecidos, bellos y peligrosos,
Ambos son como dos polos en continua atracción, se necesitan,
Se complementan y son el uno para el otro,
Una pareja perfecta el mar y el amor, juntos poderosos son,
No se puede mirar el mar sin sentir un profundo amor,
No se puede amar sin sentir en lo profundo del corazón...
La inmensidad del mar.

El mar me enseñó que en su vastedad siempre hay espacio...
para el amor, la felicidad y el renacer... de la vida y el amor,
Por eso estoy enamorado del mar, de su belleza, su fuerza e
inmensidad,
Que es tan grande como el amor que guardo, que atesoro en lo
profundo...
de mi corazón, que late y resuena como el eco de las olas del mar.

Una gota de rocío del mar, con su frescura y humedad,
Al caer en mi cara, es suficiente para hacerme recordar tu cariño,
Tus besos, tus abrazos y tu amor como en una fuerte tempestad,
Que me envuelve y que me agita, y aunque no pueda, necesito...
tenerte en entre mis brazos una vez más, para alzarte sobre las
olas del mar.

Siempre que mires el mar, busca entre las olas blancas y alegres,
En el horizonte rojo lejano, o en su profundidad interminable, ese
eterno y loco amor, que siempre tuyo será, igual que la primera...
vez que viste ensoñadoramente el mar.

Caminando contigo en la playa, jugando con la espuma y la arena,
De la mano comprendo ya, cómo amor y mar...
a tu lado se parecen cada vez más.

Mi Amor

Estoy seguro que tú eres mi amor,
No sé por qué, pero así lo siento en mi ser,
Si no estás... me falta la alegría de vivir,
Si no estás... me faltan ganas de respirar,
Mi amor, si no estás a mi lado, qué hago...,
Grito tu nombre al viento, el mar me ahoga.

Seguro cómo que la luna de queso es,
Que las estrellas luciérnagas lejanas son,
Inocentes maneras de amar, bella forma...
de expresar mi amor por ti, simple razón,
Eres mi vida, mi aire, mi agua y mi corazón,
Mi amor bello, mi eterno amor, me transformas.

No hay lógica, no hay razón, sólo este amor,
Que siento dentro, duele si a mi lado no estás,
No vivo sino es a través de ti, en sueños te vi,
Al encontrarte mi mundo vacío se llenó de ti,
Complementas mis sentidos das razón a la razón,
De vivir para amarte, de la existencia del amor.

Eres lo mejor de mí, me das consuelo en la tristeza,
Fortaleza en la debilidad, consejo en la perdición,
Alegría en la vida entera y pasión en el amor,
Eres la maravillosa existencia de lo que debo ser,
A veces no soy todo lo que esperas, me recibes así,
Mi amor quiero ser el hombre que debo ser para ti.

Tengo fallas como todos, como tú, pero juntos,
Complementamos nuestras debilidades, somos....
mucho más que dos, mi vida contigo es bella,
Seamos felices por siempre, mi amor de siempre,
Caminamos juntos, hacemos juntos de ese amor
El más bello atardecer, cálido vivir.... Mi amor.

Cuando

Cuando mi mente vaga y mi alma llora....
parece que la vida es más bella,
Y más me aferro a tu recuerdo,
Más me duermo en tu mirada,
Más siento que aún te amo,
Más aguardo, más añoro tu llegada.

Sólo verte aparecer por la calle mojada....
con tu abrigo, la bufanda que uega con tu pelo,
Iluminando el día, apartando el frío a tu paso,
Mi mente divaga con tu aroma y mi alma se alegra,
Mi corazón está más lleno de ti.

Sólo tenerte entre mis brazos y sentir tu calor,
Me devuelve a este mundo, me devuelve a ti,
Siento tu perfume, siento tus labios cálidos...
abrasados por mi beso, cierro los ojos y....
Mi mente vuela con tu amor a mi alma estremecida,
Cuando mi corazón explota de pasión.

Sólo mirarme reflejado en tus ojos y ver tu alma,
Hace florecer en mí, todo lo bueno que hay de ti,
Saca a flor de piel, mi amor que se une con tu amor,
Danzar de flores, aroma de jazmín, rocío de jardín,
Eterna primavera de color, de sabor a creación,
Es cuando creo que estoy en el cielo gracias a tu amor.

Mi mente se queda en ti, como aletargando el adiós,
Maldito tiempo, sal de mar que quema mis ojos,
Cuando te veo partir, te llevas todo lo que hay en mí,
Áspera arena que cae por entre mis dedos quietos,
Sin ti mi vida vacía es, sin ti mi vida sin sentido está,
Cuando estoy contigo, mi mundo eres tú, tu mundo soy yo.

Pero sé que regresarás por este amor que tengo,
Este amor que es tuyo, siempre tuyo, como ayer,
Como mañana, como siempre, seré tu amor eterno,
Inconmensurable mar de amor, lleno de pasión,
Suave batir de alas de hada, que me invade el corazón,
Que me inunda, torrente grácil de agua, luz y sol.

Cuando te veo y tú me ves, me envuelvo en ti,
En tu sonrisa clara, arco iris mágico te encuentro,
Cuando estás junto a mí, no importa nada,
Sólo tú, sólo yo... y nuestro amor,
Aún no te vas y ya te extraño, no me dejes otra vez,
No me dejes nunca, sin ti soy sólo agua en el mar.

Te busco

Cada flor que mecida por el viento,
Quiebra el aire con su aroma,
Su mezcla despierta mis sentidos,
Exquisita fragancia en la que te busco,
Su tinte de alegría me recuerda tu sonrisa,
Su intensidad se parece a tu cariño,
Su profundidad igual que tu cariño,
Caudal de sensaciones, en la que te busco.

Cada gota de lluvia que cae sobre mi cara,
Moja hasta mi alma y mi corazón,
Su mágico sonido es música en mis oídos,
Su transparencia me recuerda tus ojos,
Limpios espejos del alma tuya,
En el arco iris que forman con ese sol,
Te busco y te encuentro dibujada en él,
Mirándome desde lejos como sin ver.

Cada día que pasa sin ver tu amor,
Es como luchar contra cien, contra mil,
Sin nada más que mi amor por ti,
Como no quererte, como no amarte,
Si en cada cosa bella de este mundo,
Cuando te busco, estás ahí con tu sonrisa,
Mirándome con tus ensoñadores ojos de miel,
Tocando mis labios con el dulce bocado de tu beso.

Cada momento, cada palabra, cada verso,
En el que he buscado, no son suficientes,
Para decir cuánto te he amado,
En silencio como ausente, callado mirándote,
No eres mía como yo quisiera, pero te busco,
Porque no sé amar de otra forma, te busco,
Sé que me quieres me lo dicen tus ojos....
Cuando te miro y te busco.

Al Fin

Un abrazo tuyo mi cielo, una caricia tuya es mi sueño,
Un beso tuyo es un paraíso bello, tener tu amor...
no sé dónde más, podría mejor estar, sino es...
en el lugar más hermoso que hay... tu corazón.

Así te quiero, como un niño a su pelota regalona,
Que no deja de jugar con ella, porque ama el juego...
y a su pelota, a veces de trapo otras de goma,
Ahora siempre está feliz, acariciando su pelota al fin.

Ya casi no duermo de tanto pensar y pensar en ti,
Nunca antes me desvelé así, pero estoy feliz....
de saber que tú también estas pensando en mí,
Que me quieres, y que me amas como yo a ti.

Tanto amor tengo para ti, que me quema por dentro,
Tanto que me brota desde adentro, me trastorna...
no duermo, el deseo se hace sueño, mas no tengo...
la forma de saber si es cierto.... como quiero y siento.

Mas sólo con escuchar tu voz, lejana y suave canción,
Me duermo en el arrullo de tu voz, canto de ángel celestial,
Me abrazas y de todo proteges, te acurrucas a mi lado,
Me besas y al fin me duermo, de jade... mi manantial.

Te sueño y te alcanzo, bellos prados dulce aroma,
Se confunde tu perfume de flores del desierto bello,
Ahora veo, como antes no vi... sí estabas delante de mí,
Te encuentro al fin, te tomo y ahora estás sujeta a mí.

Como llamarte a gritos sin despertar miradas,
Siempre hay esos que se encargan del desamor,
Pero luchando juntos, caminando lado a lado,
Este camino infinito de amor, no existe el dolor.

No sé que viene por delante, sólo quiero tu amor,
Tus sueños hacer realidad, besarte así sin más,
Conocer tus secretos, hacer de ti mi templo,
Estar contigo ahora y ser para ti... algo más al fin.

No te asustes y no te alejes de mí, sé qué difícil es,
Enfrentar un mundo así, pero juntos podemos...
juntos ser más que todos, podemos vencer a todos,
Hay un modo, compartir nuestro mundo para siempre.

TÚ

Eres tú la que me provoca esto que siento,
Eres tú la que provoca mis eternos desvelos,
Eres tú la que me hace soñar locuras despierto,
Y cuando logro descifrar lo que realmente siento,
Cuando logro dormir y por fin conciliar el sueño,
Es contigo con quien sueño locuras de nuevo,
De esos que ni siquiera puedo hablar, pero que...
por ser tú la causa de mis sueños... te los cuento.

Sí, en mis sueños despierto o dormido, te siento,
Te puedo ver, tal como siempre te quise tener,
Sólo para mi, solos tú y yo, sin que nadie nos vea,
Te beso... en nuestro beso, esperado sólo ese beso...
pienso, sólo siento tus labios tersos, en húmedo...
bocado de pasión que me llena el corazón, no sé cómo...
pero estoy dentro de tu boca, mi lengua te roza,
Se mezcla nuestro aliento en tu esencia de mujer.

Sí, hasta en mis sueños veo como te agitas de placer,
Tu pecho se hincha con cada beso sabor a dulce miel,
Tu respiración se acorta, infinito momento de amor,
Cuando mis manos descubren los secretos de tu piel,
Ya tu vestido está suelto, y busco donde está tu ser,
Mis sueños de amor se convierten en pura pasión,
Tu vestido cae quedas libre de ataduras, no hay razón,
De ocultar nada, mis manos inquietas te desnudan, amor.

Yo en mi sueño, te ayudo cuando tú ávida me buscas,
En mi sueño.... me encuentras, sentimiento que asusta,
Ya eres mía como tuyo yo ya soy, del alma y del corazón,
Me arrancas la camisa, tus labios suavemente me acarician,
Tus manos desabotonan uno a uno los brillos de mi pantalón,
Ya nada nos separa, estamos solos agitados, ya mi sueño...
está desbocado, tormenta apasionada, locura controlada,
Sólo sé que tú a mi lado estás, sí tú... en mis sueños estás.

Nuestros cuerpos se encuentran, por fin te descubro,
Esta ahí todo le que imaginaba, todo lo que soñaba,
Eres maravillosa como una griega diosa, pero estás...
aquí conmigo aunque sólo sea en mis sueños claros,
Recorro tu cuerpo, beso tu cuello y siento como tú...
me besas y me acaricias, que bello sueño... descubres...
todo lo que hay en mí para ti, yo descubro todo lo que
tú tienes para mí, la respiración se acorta, será un sueño.

Te abrazo fuerte y nuestros cuerpos convergen,
Perfecta unión, es como si desde siempre fueras mía,
Danza de cuerpos suave, ritmo de pasión, te besé....
mil besos te di, recorrí toda tu piel con las felices...
brasas de mis labios, un sueño de pasión, desenfreno...
en ti, eso ni en sueños lo esperaba, tú eres pura magia,
pura pasión, tú me haces de este sueño un océano...
de amor, no quiero despertar sólo aquí quiero estar.

Tu espalda húmeda de pasión, tu piel erizada de emoción,
Tú me recibes en perfecta comunión, tus ojos cerrados,
Labios mordidos y tus manos clavadas en mi espalda,
Tú sujeta a mí, me sostienes me envuelves, de principio...
a fin, delicados movimientos se transforman en torrente...
de amor que nos baña, ya casi no respiro, tú apenas...
si respiras, sólo en mi sueño te tomo, no voy a despertar,
Quiero soñar una vez más, que me amas de verdad.

Despierto sediento, despierto feliz porque me soné...
junto a ti, pero ya no estás a mi lado, estoy solo,
No quiero estar así, fue un sueño, maravillosos sueño,
De amor de pasión, un tormento estar despierto,
Sin que tú en mi vida estés, no sé si dormido nuevamente,
Pueda sonar contigo, pero si despierto puedo sonar...
a que eres mía, a que me amas de verdad, a que me...
quieres para ser mía mil veces más, que seas tú.

Nuestro Beso

Mirar tus ojos limpios y saber que un beso se acerca,
Acelera mi corazón, se desboca una mágica sensación,
Acercarnos suavemente, casi rozarnos, corriente...
salta desde nuestros labios, tan cerca que siento,
Tu respiración agitada en mi boca, me quita el aliento,
Mis labios y los tuyos cercanos, suave dulce pasión,
Juntos apenas juntos, ya te siento, mágica fuente,
De alegría saber que nuestro beso nos estremece.

Sentir como tus labios se humedecen y danzan....
en los míos fuertes, en suave cadencia de placer,
En nuestras bocas vigorosas lenguas se entrelazan,
Bailan y cantan, se mueven y se abrazan, qué hacer....
sino amarte en nuestro beso, se mezclan sueños,
Deseos y esperanzas, de seguir así por siempre,
Unidos en una mágica danza alegre de besos sin fin,
Sintiendo nuestras almas unidas, despierto te sueño.

Recorrer tus labios con mi beso, hacer de tus labios...
mi templo, cerrar los ojos casi tiemblo, al saber que...
tú eres mi beso, en el fuerte abrazo ya te siento...
más cerca tu cuerpo, recorro tu cuello con mi beso,
Casi no respiro, estoy inmerso en ti, tú no respiras...
sólo sientes como yo estoy en ti, mis brazos te...
aferran a mí, estamos como volando en un sueño,
El mundo ya no existe, sólo importa nuestro beso....

Sólo importamos tú y yo.

Notas

Notas de color, notas de sabor,
Que me consumen suave voz,
Las bellas notas de tu canto,
Mezcladas con verdes notas de tu campo,
Hacen de este cielo de notas celestes,
Un verso lleno de notas ausentes,
Como en un mar de arena, que me envuelve,
Que me traga sin dejar escapar una nota,
Ni un tinte, ni una gota de sudor blanco,
Bella armonía de color, suave enigma de amor,
Tus notas rosadas y rojas me llaman,
Como la luz llama a la polilla, que se encandila,
Se muere.... Como en una nota sorda cuando te...
alcanzo, un instante un solo momento,
Se escapa corriendo en largo tormento,
De felicidad de predicamento, me quedo quieto,
Inmerso en tu sombra, cubierto de agua seca,
Siempre de notas rosadas y rojas de tormento,
En tempestad al viento, que juega con tu pelo,
Que juega con lo nuestro, ¡Oh! bellas notas...
de pasión, sólo de pensarlas se me estremece...
el corazón.

En una nota ahogada viaja mi cariño buscándote,
Blanca noche aroma de carbón, brasa ardiente...
naranjas notas de calor, son tus besos de amor,
Saltan desde tu corazón, sediento ramo apretado...
de amapolas blancas como la espuma del mar...
embravecido, furioso por no tener tu cariño,
Por saber que en brazos de otros estás, que...
amada por otro estás, pero sabes que mi amor...
es puro, es amor eterno, amor de adentro,
Del fondo de mi ser, del fondo de mi corazón...
que en cada nota de mi latido, tu nombre canta,

Dando gritos al sol, pidiendo que me ames a mí,
Como yo te amo a ti.

Irritante murmullo el de mi cerebro diciéndome...
que no puedo, que no debo amarte más que a mí,
Mas las notas de tu cariño desvanecen mi duda,
Me amas sin pensar, me amas sin juzgar,
Sólo por ser cómo eres como soy, yo para ti,
Cómo tú lo eres para mí, un verdadero amor,
Inconclusa felicidad ahogada en un aire denso,
Mar de sal, mar de amargura, mar abrazador,
Que me impide verte, no puedo amarte siempre,
Pensando en ti vuelven las notas de tu amor,
Las suaves notas dulces de tus besos,
De tus brazos enrollados en mi cuello,
De tus manos húmedas de pasión,
De tu boca llena de mi beso,
De ti en mí.

Como no amarte, si es suficiente saber que existe,
Que en alguna parte respirando mi aire estás,
Pintando notas rojas de otoño lienzo mágico,
Otoño de nubes, lluvia y sol frío cuando no estás,
Pero saber que existes, que pese a todo me amas,
Me reconforta, suave música de lluvia en mi cara,
En tu rostro se pintan los colores de una sonrisa,
Cuando me ves, cuando te veo, cuando nuestro...
beso se hace inmenso, cálida brasa de amor,
Cuando te abrazo y siento las notas de tu corazón...
dando saltos, dando un grito sordo que dice,
Te amo eres mi amor, lo sé porque en tus ojos...
húmedos por no tenerme siempre, se trasparenta...
tu alma, y tu corazón lleno de amor.

Trocitos de Corazón

Muchos besos apasionados te daría,
En cada pequeño trocito de tu corazón,
Esos trocitos rojos de tu amor que me das,
Esos que guardo, que atesoro juntito al mío,
Cada vez que te veo, me quedo con uno más,
Cada vez que te beso, junto uno más,
Me falta un millón de millón de trocitos,
Para tenerlos todos juntitos.

Aún no sé cómo pude conquistar tu corazón,
Cómo logré llegar a tener ese bello amor,
Que me acurruca y me acaricia con su mirada,
Que me envuelve con cada beso que me das,
Que me estremece cuando acaricio tu piel,
Que me embriaga con tu perfume de mujer,
Y en estos trocitos de corazón que he guardado,
Conservo los recuerdos de tu hermoso amor.

No son sólo los trocitos de corazón que me das,
Sino también la magia, increíble magia de tu amor,
Que me hechiza, me sorprende, me fascina,
Cada uno de tus besos es un dulce bocado,
Como el suave suspiro de ángel enamorado,
Que se disfruta a veces a pausas, y ansias...
de verte una vez más, de tenerte una vez más,
Para robarte.... de tu corazón, un trocito más.

La Rosa y el Insecto

Aquella bella rosa, esa hermosa flor que me cautivó,
Humedecida por el rocío, brillaba al sol su corazón,
Sus suaves pétalos salieron en la primavera del amor,
Se abrió al viento, recibió todo el calor del sol,
Creció hermosa, su aroma al aire se esparció,
Dulce néctar, su fragancia de amor atrajo a un insecto,
Ni supo lo que pasó, pobre bicho hinchado de amor,
El dulce néctar de la rosa se debió, dormido cayó.

Fue mucha dulzura, fue mucho amor lo que recibió,
Ya nunca más del lado de la rosa se apartó, habrá
sido su belleza, la luz que irradia al despertar, más...
bien su aroma sin par o su dulce néctar sin igual,
Mas ya el insecto no se apartó más, sólo se alimentó...
de ella, sólo se abrazo a ella, sólo bebió de ella, solo...
al fin se quedó, todos sus compañeros se alejaron,
Nadie lo acompañó, en esta loca aventura del amor.

Aunque ella no hable, él sabe que siente un profundo amor,
Aunque no lo mire, porque sus ojos miran siempre al sol,
Aunque parece que ella ni sabe de su existencia, él cree,
Él la ama sin pensar, sin escuchar razón, sólo por ser,
Ese maravilloso ser, que sin pedir nada todo le da,
Que sin exigir nada, entrega todo, lo que tiene, todo,
Él lo recibe y no sabe por qué, pero está feliz de ser,
El amor de ese hermoso ser, de la rosa bella de mi jardín.

Muy despacio la rosa hermosa empezó a cambiar,
Su néctar comenzó a fallar, ya el rocío que antes...
bañaba sus pétalos de seda, ahora una carga es,
El peso los arranca de uno a la vez, ella no sufre,
Pero el insecto como un loco no sabe qué hacer,
Se acaba su rosa, no hay otra igual, nunca la habrá,
Pero su amor no le permite ver, que su rosa marchita,
No le puede alimentar de su dulce néctar de amor dar.

El sigue cuidando de la bella rosa que alguna vez fue,
No le importa que ya no le dé nada de lo que un vez...
le dio, nada de amor, pero él no se aparta, está ahí,
Sigue acurrucado a su lado, nadie lo ve, está seco...
por dentro también, ya no puede más, no se alimentó...
más, débil pero aún lleno de amor por aquella rosa,
Sus ojos cerró, y soñó que era bella otra vez, que su...
amor de nuevo es, pero se fue junto con ella, se fue...

Un día arreglando mi jardín, encontré un insecto
abrazando a una marchita flor, como era bello...
lo tomé y en un insectario lo clavé, parecía triste,
Así es que el insectario decoré, sin saber una rosa pinté,
Ahora veo ese insecto y parece sin querer, que está...
feliz, hasta contento se le ve, parece que estuviese...
enamorado, cosa rara el amor, a veces sólo basta...
saber que estas ahí, tu foto ver, para amarte otra vez.

Crepúsculo

Crepúsculo soñado, anochecer cegado,
El aroma dulce y embriagador de tu piel,
Mezclado con el rocío salado del mar,
Hace resaltar tu excelsa belleza,
Mi corazón salta de alegría...
al saber que eres mía.

La tenue luz de la luna, y mis sentidos
desbordados, como en alocada carrera,
Se convierten en torrente de pasión,
Sólo lamento esa ola furiosa......
que de mi lado te arrebató,
Que me quitó la luz de mi vida,
Y en esté crepúsculo oscuro del alma mía,
Veo desesperado las dos brasas...
de tus ojos, buscando los míos.

En el profundo mar bravío.... te veo,
En el profundo mar de sombra resaltas,
En el profundo mar, abatido... te veo.

Tú me llamas desesperada, yo te busco
en ese loco mar, sin pensar en mí sino en ti,
me arrojé en él, para amarte una vez más,
Apenas te alcanzo, apenas te distingo,
él no puede ser más fuerte.....
que yo, que tú, que nuestro amor,
Ya casi a tu lado siento que apenas te sostengo,

Tú me miras desesperada y yo por fin te tengo,
Eres mía al fin, pero te debo arrebatar ahora de su lado,
Con todas mis fuerza y con todas las tuyas...
nos abrazamos nuevamente, nos miramos
a los ojos una vez más, y ya está todo...
más tranquilo, más en calma.

Estamos juntos caminando hacia la eternidad,
En el profundo mar, nos amamos una vez más.

Esta página es para ti, para que escribas o dibujes, acerca de lo que más te gustó de estas 40 Historias de la Vida y el Amor.

Nota del Autor (ósea Yo): Me gustaría mucho recibir tus comentarios, impresiones, expresiones o dibujos... sí te animas y quieres, escanea la página y envíamela a fernando_leyton@yahoo.es

Ha sido un placer, que lean estos Histoversos, estas historias contadas en verso, llenas de vivencias, emociones y sensaciones, si a través de su lectura, pudieron recrear sus propias vivencias y en algo logré despertar sus emociones o sensaciones dormidas, me doy por satisfecho.

Será hasta la próxima....

Fernando Leyton Espinoza

Oct. 2015

Printed in the United States
By Bookmasters